Conteúdo digital exclusivo!

Cadastre-se e transforme seus estudos em uma experiência única de aprendizado!

Acesse agora

Portal:
www.editoradobrasil.com.br/crescer

Código de aluno:
3780708A1150027

CB042173

Lembre-se de que esse código é pessoal e intransferível. Guarde-o com cuidado, pois é a única forma de você utilizar os conteúdos do portal.

Márcia Hipólide • Mirian Gaspar

CRESCER
História

1º ano

Dados Internacionais de Catalogação na Publicação (CIP)
(Câmara Brasileira do Livro, SP, Brasil)

Hipólide, Márcia
 Crescer história, 1º ano / Márcia Hipólide, Mirian Gaspar. – 1. ed. – São Paulo: Editora do Brasil, 2018. – (Coleção crescer)

 Bibliografia.
 ISBN 978-85-10-06861-1 (aluno)
 ISBN 978-85-10-06862-8 (professor)

 1. História (Ensino fundamental) I. Gaspar, Mirian. II. Título. III. Série.

18-15896   CDD-372.89

Índices para catálogo sistemático:
1. História: Ensino fundamental 372.89
Maria Alice Ferreira – Bibliotecária - CRB-8/7964

1ª edição / 1ª impressão, 2018
Impresso no Parque Gráfico da Editora FTD

Rua Conselheiro Nébias, 887
São Paulo/SP – CEP 01203-001
Fone: +55 11 3226-0211
www.editoradobrasil.com.br

© Editora do Brasil S.A., 2018
Todos os direitos reservados

Direção-geral: Vicente Tortamano Avanso

Direção editorial: Felipe Ramos Poletti
Gerência editorial: Erika Caldin
Coordenação de arte: Cida Alves
Supervisão de revisão: Dora Helena Feres
Supervisão de iconografia: Léo Burgos
Supervisão de digital: Ethel Shuña Queiroz
Supervisão de controle de processos editoriais: Marta Dias Portero
Supervisão de direitos autorais: Marilisa Bertolone Mendes

Supervisão editorial: Priscilla Cerencio
Assistência editorial: Rogério Cantelli
Coordenação de revisão: Otacilio Palareti
Copidesque: Gisélia Costa e Ricardo Liberal
Revisão: Alexandra Resende, Andréia Andrade, Elaine Cristina da Silva e Maria Alice Gonçalves
Pesquisa iconográfica: Elena Ribeiro
Assistência de arte: Samira Souza
Design gráfico: Andrea Melo
Capa: Megalo Design e Patrícia Lino
Imagem de capa: Eber Evangelista
Ilustrações: André Flauzino, Carlos Seribelli, DAE (Departamento de Arte e Editoração), Fabio Sgroi, Sonia Horn e Vanessa Alexandre
Coordenação de editoração eletrônica: Abdonildo José de Lima Santos
Editoração eletrônica: Talita Lima
Licenciamentos de textos: Cinthya Utiyama, Jennifer Xavier, Paula Harue e Renata Garbellini
Controle de processos editoriais: Bruna Alves, Carlos Nunes, Jefferson Galdino, Rafael Machado e Stephanie Paparella

QUERIDO ALUNO,

ESTE LIVRO FOI FEITO PARA VOCÊ!

ELE VAI AJUDÁ-LO A PERCEBER O QUE VOCÊ JÁ SABE DE SUA HISTÓRIA E DA HISTÓRIA DE MUITAS OUTRAS PESSOAS.

É UM CONVITE PARA QUE DESCUBRA, CONHEÇA E CRIE ALGO NOVO, PENSE E CONVERSE COM SEUS COLEGAS A RESPEITO DE ASSUNTOS COMO NOME E SOBRENOME, FAMÍLIA, ESCOLA, BRINQUEDOS E BRINCADEIRAS.

ACREDITAMOS QUE COM ESTA OBRA ESTAMOS CONTRIBUINDO PARA QUE VOCÊS, MENINAS E MENINOS, CONTINUEM SENDO CIDADÃOS CADA VEZ MAIS PARTICIPATIVOS NA CONSTRUÇÃO DE UMA SOCIEDADE JUSTA E IGUAL PARA TODOS – ESPECIALMENTE PARA AS CRIANÇAS!

AS AUTORAS

SUMÁRIO

UNIDADE 1
EU E MINHA FAMÍLIA..........7

TODO MUNDO TEM NOME 8

OS NOMES TÊM UM SIGNIFICADO....................10

OS SOBRENOMES..........................12

AS CARACTERÍSTICAS QUE NOS TORNAM ÚNICOS................14

LEIO E COMPREENDO – OS NOMES SÃO ESPECIAIS 16

AS FAMÍLIAS..................................18

A VIDA EM FAMÍLIA......................20

COMEMORAÇÕES EM FAMÍLIA 22

LEIO E COMPREENDO – A ÁRVORE DE MINHA FAMÍLIA....24

GIRAMUNDO – O NOME DAS COISAS....................26

RETOMADA............................ 28

PERISCÓPIO........................... 30

UNIDADE 2
EU E MINHA ESCOLA 31
NA ESCOLA 32
O QUE SE FAZ NA ESCOLA 34
AS CRIANÇAS DA ESCOLA............ 36
OS ADULTOS DA
MINHA ESCOLA 38
   LEIO E COMPREENDO –
   A PROFESSORA............................ 40
COOPERAÇÃO E RESPEITO 42
AS FESTAS E AS
COMEMORAÇÕES NA ESCOLA ... 44
   GIRAMUNDO –
   QUANTOS ALUNOS TÊM NA
   ESCOLA?.. 46
   CONSTRUIR UM MUNDO
   MELHOR – CUIDADOS COM
   OS LIVROS 48
RETOMADA 50
PERISCÓPIO 52

UNIDADE 3
BRINCADEIRAS E BRINQUEDOS 53
BRINCAR E SE EXERCITAR............ 54
BRINCAR EM DIVERSOS
ESPAÇOS....................................... 56
   LEIO E COMPREENDO –
   BRINCAR COM AS SOMBRAS 60
   GIRAMUNDO –
   CONSTRUINDO BRINQUEDO
   COM MATERIAL REUTILIZÁVEL ... 66
RETOMADA 68
PERISCÓPIO 70

IMAGENS: LYUDMYLA KHARLAMOVA/SHUTTERSTOCK.COM

UNIDADE 4
TEMPO, TEMPO, TEMPO ...71

ONTEM, HOJE E AMANHÃ 72

O PASSADO E O PRESENTE 74

O FUTURO 75

SEU PASSADO 76

AS FASES DA VIDA 78

LEIO E COMPREENDO – NO TEMPO DOS MEUS BISAVÓS 80

AS COMEMORAÇÕES E O TEMPO 82

GIRAMUNDO – AS DIFERENTES FASES DA VIDA 84

CONSTRUIR UM MUNDO MELHOR – CUIDAR DAS ÁRVORES É IMPORTANTE 86

RETOMADA 88

PERISCÓPIO 90

REFERÊNCIAS 91

MATERIAL COMPLEMENTAR 93

EU E MINHA FAMÍLIA

ONDE ESTÁ VOCÊ?

1. VOCÊ DEVE SE JUNTAR ÀS CRIANÇAS DA IMAGEM. PARA ISSO, DESENHE SEU ROSTO NO ESPAÇO EM BRANCO.

VANESSA ALEXANDRE

TODO MUNDO TEM NOME

HÁ VÁRIAS FORMAS DE DIFERENCIAR UMA PESSOA DA OUTRA. UMA DELAS É CHAMAR CADA UMA PELO NOME.

TODAS AS PESSOAS TÊM UM NOME. NA MAIORIA DAS VEZES SÃO OS ADULTOS MAIS PRÓXIMOS QUE ESCOLHEM O NOME DA CRIANÇA.

GERALMENTE, É PELO NOME QUE AS PESSOAS SE APRESENTAM EM DIVERSAS SITUAÇÕES.

E VOCÊ, COMO SE APRESENTA QUANDO CONHECE ALGUÉM? COMO SE APRESENTOU NO PRIMEIRO DIA DE AULA?

NA SALA DE AULA, HÁ ALGUÉM COM O MESMO NOME QUE O SEU?

1. FAÇA UM DESENHO QUE MOSTRE COMO VOCÊ É. DEPOIS, ESCREVA SEU NOME EMBAIXO DELE.

MEU NOME É: _____.

2. EM CASA, PERGUNTE ÀS PESSOAS DE SUA FAMÍLIA COMO SEU NOME FOI ESCOLHIDO E POR QUEM.

3. CONTE AO PROFESSOR E AOS COLEGAS COMO SEU NOME FOI ESCOLHIDO E POR QUEM.

OS NOMES TÊM UM SIGNIFICADO

VOCÊ SABIA QUE MUITOS NOMES TÊM UM SIGNIFICADO? CONHEÇA O SIGNIFICADO DE UM NOME:

DIZEM QUE QUEM COME MUITA CENOURA CONSEGUE ENXERGAR MELHOR. SE ALÉM DE COMER CENOURA A PESSOA AINDA CHAMAR KAUÃ, SUA VISÃO SERÁ DE SUPER-HOMEM. KAUÃ VEM DO **TUPI** E SIGNIFICA "GAVIÃO".

ILAN BRENMAN. *DE ONDE VÊM OS NOMES*. SÃO PAULO: COMPANHIA EDITORA NACIONAL, 2014. P. 24.

TUPI: LÍNGUA FALADA PELOS TUPIS, POVOS INDÍGENAS QUE HABITAVAM PARTES DO LITORAL DAS TERRAS QUE FORMARAM O BRASIL HÁ MAIS DE 500 ANOS.

O SIGNIFICADO DO MEU NOME

VOCÊ SABE O SIGNIFICADO DO SEU NOME?

SE NÃO SABE, CONVERSE COM O PROFESSOR E DESCUBRA.

DEPOIS ESCREVA SUA DESCOBERTA NO QUADRO ABAIXO.

O SIGNIFICADO DO MEU NOME É:

_____

_____

_____ .

PARA SABER MAIS

O NOME DOS AVÓS

NA COMUNIDADE INDÍGENA KAMAYURÁ, AS CRIANÇAS RECEBEM O NOME DOS AVÓS.

1. VOCÊ CONHECE ALGUÉM QUE TENHA O MESMO NOME DOS AVÓS?

☐ SIM.

☐ NÃO.

FAMÍLIA KAMAYURÁ. QUERÊNCIA, MATO GROSSO, 2011.

11

OS SOBRENOMES

GERALMENTE, AS PESSOAS DA MESMA FAMÍLIA TÊM O MESMO SOBRENOME.

OBSERVE NA IMAGEM O NOME DAS PESSOAS QUE COMPÕEM A FAMÍLIA DE FELIPE.

VOCÊ PERCEBEU QUE TODAS AS PESSOAS DA FAMÍLIA DE FELIPE TÊM O MESMO SOBRENOME: SILVA?

ALÉM DO NOME, QUANDO VOCÊ NASCEU, TAMBÉM RECEBEU UM SOBRENOME.

> O **SOBRENOME** INDICA A FAMÍLIA À QUAL PERTENCEMOS, ELE VEM LOGO APÓS O NOME.

1. COMPLETE AS FRASES.

O NOME E O SOBRENOME DE MINHA MÃE É:

_____.

O NOME E O SOBRENOME DO MEU PAI É:

_____.

MEU SOBRENOME É: _____.

2. CONTE AO PROFESSOR E AOS COLEGAS SE SEU SOBRENOME ESTÁ LIGADO A SEU PAI, A SUA MÃE OU AOS DOIS.

AS CARACTERÍSTICAS QUE NOS TORNAM ÚNICOS

VOCÊ JÁ SABE QUE QUANDO NOS APRESENTAMOS A OUTRAS PESSOAS DIZEMOS NOSSO NOME.

MUITAS VEZES, INFORMAMOS NOSSA IDADE.

MAS HÁ OUTRAS CARACTERÍSTICAS QUE TAMBÉM NOS IDENTIFICAM, OU SEJA, AJUDAM A DEFINIR QUEM SOMOS. POR EXEMPLO, NOSSAS CARACTERÍSTICAS FÍSICAS E PREFERÊNCIAS.

OBSERVE AS IMAGENS E LEIA AS LEGENDAS.

JOÃO PAULO ADORA ANDAR DE BICICLETA, MAS NÃO GOSTA MUITO DE JOGAR FUTEBOL.

ANA PREFERE COMER DIFERENTES TIPOS DE SALADA A COMER MACARRÃO.

E VOCÊ, DO QUE GOSTA?

1. PINTE DE **AZUL** OS QUADRINHOS DAS ATIVIDADES QUE VOCÊ GOSTA DE FAZER E DE **VERMELHO** OS DAS ATIVIDADES DE QUE VOCÊ NÃO GOSTA.

☐ ANDAR DE BICICLETA.

☐ BRINCAR COM AMIGOS.

☐ COMER PERA.

☐ JOGAR BOLA.

☐ ASSISTIR À TELEVISÃO.

☐ BRINCAR COM BONECA.

☐ NADAR.

☐ TOMAR SUCO DE UVA.

☐ LER UM LIVRO.

☐ DESENHAR.

☐ PINTAR COM TINTA.

☐ OUVIR MÚSICA.

2. REÚNA-SE COM UM COLEGA E PERGUNTE AS PREFERÊNCIAS DELE. VEJA ALGUNS EXEMPLOS DO QUE VOCÊ PODE PERGUNTAR:

- DE QUAL COR VOCÊ MAIS GOSTA?
- QUAL É SUA COMIDA PREFERIDA?
- QUE ROUPA VOCÊ MAIS GOSTA DE USAR?
- QUAL É SEU PASSEIO PREFERIDO?
- QUAL É SUA BRINCADEIRA FAVORITA?

3. EM UMA FOLHA DE PAPEL AVULSA, ESCREVA O NOME DE SEU COLEGA E FAÇA UM DESENHO DELE. DESTAQUE NO DESENHO AS PREFERÊNCIAS QUE ELE CONTOU NA ENTREVISTA.

LEIO E COMPREENDO

OS NOMES SÃO ESPECIAIS

LEIA O TEXTO A SEGUIR.

TENHO UM NOME ESQUISITO
BEM DIFÍCIL DE FALAR
TODA VEZ QUE ALGUÉM PERGUNTA
EU PRECISO **SOLETRAR**.

POR QUE NÃO ME CHAMO LUCAS
BRUNO, PEDRO OU MARCELO?
OS MEUS PAIS ME DERAM UM NOME
QUE SÓ ELES ACHAM BELO.

OUTRO DIA EU CONHECI
O IRMÃO DO AMIGO MEU
E NÃO É QUE ELE TINHA
O MESMO NOME QUE O MEU!

PERGUNTEI: – COMO É QUE PODE?
VOCÊ NÃO ACHA ESQUISITO?
ELE DISSE: – AO CONTRÁRIO,
NOSSO NOME É BEM BONITO!

PENSEI: SE ELE GOSTA TANTO
EU TAMBÉM POSSO GOSTAR.
E HOJE QUANDO ALGUÉM PERGUNTA
FALO SEM **TITUBEAR**.
[...]

CÉSAR OBEID. *CRIANÇA POETA: QUADRAS, CORDÉIS E LIMERIQUES*. SÃO PAULO: EDITORA DO BRASIL, 2010. P. 18 E 19.

SOLETRAR: LER UMA A UMA AS LETRAS DE UMA PALAVRA.
TITUBEAR: FALAR COM DIFICULDADE, GAGUEJAR.

AGORA, FAÇA O QUE SE PEDE.

1. CIRCULE NO QUADRO A SEGUIR A PALAVRA QUE REPRESENTA O ASSUNTO DO TEXTO.

| AMIGO | NOME | ESCOLA |

2. A PESSOA QUE CONTA A HISTÓRIA É:

☐ UMA MENINA.   ☐ UM MENINO.

3. PINTE DE **VERDE** AS FRASES DO TEXTO QUE INDICAM O QUE A PESSOA ACHA DO NOME DELA.

4. PINTE DE **AZUL** AS FRASES DO TEXTO QUE INDICAM QUE A PESSOA MUDOU DE IDEIA SOBRE O NOME DELA.

5. COMO VOCÊ IMAGINA QUE É O NOME DOS PERSONAGENS DO TEXTO?

_____

17

AS FAMÍLIAS

A FAMÍLIA É O PRIMEIRO GRUPO DO QUAL FAZEMOS PARTE. EXISTEM VÁRIOS TIPOS DE FAMÍLIA: GRANDE, PEQUENA, COM MUITOS FILHOS OU COM POUCOS.

PODEMOS IDENTIFICAR SEMELHANÇAS E DIFERENÇAS ENTRE OS DIVERSOS TIPOS DE FAMÍLIA.

OBSERVE AS IMAGENS A SEGUIR.

1. CONVERSE COM OS COLEGAS E O PROFESSOR SOBRE AS SEMELHANÇAS E AS DIFERENÇAS QUE VOCÊS IDENTIFICARAM NAS FAMÍLIAS RETRATADAS NAS IMAGENS.

2. QUAL DESSAS FAMÍLIAS MAIS SE PARECE COM A SUA? CIRCULE-A.

3. QUANTAS PESSOAS HÁ EM SUA FAMÍLIA?

☐ 2 ☐ 3 ☐ 4 ☐ 5 ☐ 6 ☐ 7

☐ 8 OU MAIS _____

4. ESCREVA NO QUADRO O NOME DAS PESSOAS DE SUA FAMÍLIA E QUEM É CADA UMA DELAS.

NOME	ESSA PESSOA É MEU/ MINHA

A VIDA EM FAMÍLIA

A VIDA EM FAMÍLIA ACONTECE, GERALMENTE, NO ESPAÇO DOMÉSTICO.

ESSE ESPAÇO É O LUGAR ONDE A FAMÍLIA MORA. PODE SER UMA CASA, UM APARTAMENTO, ENTRE OUTROS.

É NELE QUE AS PESSOAS DA FAMÍLIA CONVIVEM UMAS COM AS OUTRAS, DESCANSAM E SE ALIMENTAM.

NESSE ESPAÇO, CADA FAMÍLIA CRIA SUAS PRÓPRIAS REGRAS E ESTABELECE SEUS PRÓPRIOS COSTUMES.

REFEIÇÃO EM FAMÍLIA. JORDÃO, ACRE, 2016.

ALMOÇO EM FAMÍLIA. CAMPINAS, SÃO PAULO, 2015.

BRINCADEIRA EM FAMÍLIA NO QUINTAL DE CASA. MANAUS, AMAZONAS, 2017.

CONVIVÊNCIA EM FAMÍLIA. SANTA MARIA, RIO GRANDE DO SUL, 2016.

1. CONVERSE COM UM COLEGA SOBRE O QUE VOCÊ MAIS GOSTA DE FAZER JUNTO COM SUA FAMÍLIA NO ESPAÇO DOMÉSTICO. DEPOIS DESCUBRA O QUE ELE GOSTA DE FAZER COM A FAMÍLIA DELE.

COOPERAÇÃO E AJUDA

AS PESSOAS DA FAMÍLIA FAZEM ATIVIDADES DIFERENTES. GERALMENTE, OS ADULTOS TRABALHAM E AS CRIANÇAS BRINCAM E ESTUDAM. OS ADULTOS TAMBÉM SÃO RESPONSÁVEIS PELOS CUIDADOS E PELA EDUCAÇÃO DAS CRIANÇAS.

PARA QUE CADA MEMBRO DA FAMÍLIA CONSIGA FAZER SUAS ATIVIDADES, É IMPORTANTE QUE TODOS AJUDEM NA ORGANIZAÇÃO DA CASA E SIGAM AS REGRAS DA FAMÍLIA.

É COMUM, EM MUITAS FAMÍLIAS, OS ADULTOS LAVAREM A LOUÇA, AS ROUPAS E PREPARAREM AS REFEIÇÕES; E AS CRIANÇAS, COLABORAREM EM OUTRAS ATIVIDADES.

OBSERVE AS IMAGENS. VEJA O QUE AS CRIANÇAS PODEM FAZER PARA COLABORAR COM A FAMÍLIA.

GUARDAR OS BRINQUEDOS. CUIDAR DO CACHORRO. ARRUMAR A CAMA.

ILUSTRAÇÕES: CARLOS SERIBELLI

1. ASSINALE COM **X** AS IMAGENS ACIMA QUE RETRATAM AS TAREFAS QUE VOCÊ COSTUMA FAZER PARA AJUDAR SUA FAMÍLIA NO DIA A DIA.

2. CONTE AOS COLEGAS E AO PROFESSOR OUTRAS TAREFAS QUE VOCÊ NORMALMENTE FAZ PARA COLABORAR NA ORGANIZAÇÃO DA CASA.

COMEMORAÇÕES EM FAMÍLIA

AS FAMÍLIAS COSTUMAM COMEMORAR DATAS IMPORTANTES EM SEUS ESPAÇOS DOMÉSTICOS.

AS DATAS E A FORMA DE COMEMORAÇÃO VARIAM DE ACORDO COM OS COSTUMES DE CADA FAMÍLIA.

OBSERVE AS IMAGENS.

FAMÍLIA COMEMORA O ANO-NOVO.

FAMÍLIA COMEMORA FESTA DE ANIVERSÁRIO.

FAMÍLIA COMEMORA O NATAL, FESTA CRISTÃ.

FAMÍLIA COMEMORA O *PESSACH*, FESTA JUDAICA.

COMO SÃO AS FESTAS E COMEMORAÇÕES EM SUA FAMÍLIA?

1. PINTE OS QUADRINHOS DAS COMEMORAÇÕES QUE SUA FAMÍLIA COSTUMA REALIZAR NO ESPAÇO DOMÉSTICO.

- ☐ ANIVERSÁRIO
- ☐ ANO NOVO
- ☐ CARNAVAL
- ☐ DIA DA CRIANÇA
- ☐ DIA DAS MÃES
- ☐ DIA DOS PAIS
- ☐ NATAL
- ☐ PÁSCOA

2. DESENHE A FESTA OU A COMEMORAÇÃO EM FAMÍLIA DE QUE VOCÊ MAIS GOSTA DE PARTICIPAR.

3. CONTE AOS COLEGAS COMO É A FESTA QUE VOCÊ DESENHOU. DIGA SE É COMEMORADA COM DANÇA, MÚSICA, COMIDA, ENTRE OUTROS.

LEIO E COMPREENDO

A ÁRVORE DE MINHA FAMÍLIA

UMA DAS MANEIRAS DE REPRESENTAR SUA FAMÍLIA É FAZER A ÁRVORE GENEALÓGICA DELA.

NESSA ÁRVORE REPRESENTAMOS NOSSOS FAMILIARES.

FAZER UMA ÁRVORE GENEALÓGICA AJUDA A COMPREENDER AS RELAÇÕES ENTRE OS MEMBROS DA FAMÍLIA.

LEIA O TEXTO A SEGUIR, OBSERVE A IMAGEM NA PRÓXIMA PÁGINA E DESCUBRA COMO LUÍSA CRIOU A ÁRVORE GENEALÓGICA DELA.

– HOJE CONTINUAREMOS O PROJETO SOBRE A FAMÍLIA COM UMA ÁRVORE GENEALÓGICA. – A PROFESSORA SÍLVIA FALOU PARA A CLASSE.

– EU TENHO DUAS FAMÍLIAS! – MARQUINHOS AVISOU.

– QUE COINCIDÊNCIA! EU TAMBÉM! – SÍLVIA SORRIU. – QUEM TIVER DUAS FAMÍLIAS PODE COLOCÁ-LAS NA ÁRVORE, VAI SER BEM INTERESSANTE.

AS CRIANÇAS ENTÃO COMEÇARAM A DESENHAR SUAS ÁRVORES: ELAS NO CENTRO, OS IRMÃOS AO LADO – QUEM TIVESSE, CLARO –, OS PAIS E OS TIOS ACIMA. E OS AVÓS NOS GALHOS SUPERIORES.

O PAI DE LUÍSA HAVIA MORRIDO QUANDO ELA ERA BEM PEQUENA, ASSIM, DECIDIU PENDURÁ-LO NUMA NUVEM BEM FOFA, PERTO DO CÉU, QUE É ONDE ELE DEVIA ESTAR.

TELMA GUIMARÃES CASTRO ANDRADE. *A ÁRVORE CONTENTE*. SÃO PAULO: EDITORA DO BRASIL, 2010. P. 2-5.

1. ONDE LUÍSA ESTÁ REPRESENTADA NA ÁRVORE GENEALÓGICA?

☐ NO CENTRO. ☐ EM UM DOS LADOS.

2. ONDE OS AVÓS DE LUÍSA ESTÃO REPRESENTADOS?

☐ NO CENTRO. ☐ NOS GALHOS SUPERIORES.

3. ONDE O PAI DE LUÍSA FOI COLOCADO?

☐ NA ÁRVORE. ☐ EM UMA NUVEM.

4. CIRCULE NO TEXTO A PALAVRA QUE EXPLICA POR QUE LUÍSA REPRESENTOU O PAI DELA NESSE LUGAR.

5. EM UMA FOLHA DE PAPEL AVULSA, SIGA A ORIENTAÇÃO DO PROFESSOR E FAÇA SUA ÁRVORE GENEALÓGICA. COMECE DESENHANDO VOCÊ NO CENTRO DA ÁRVORE.

GIRAMUNDO

O NOME DAS COISAS

VOCÊ JÁ SABE QUE AS PESSOAS TÊM NOME. OBSERVE AS IMAGENS A SEGUIR E VEJA QUE AS FRUTAS, OS OUTROS ANIMAIS, OS OBJETOS, AS RUAS, AS ESCOLAS E MUITAS OUTRAS COISAS TAMBÉM TÊM!

CACHORRO.

PLACA DE RUA.

CADERNO.

FLOR.

FEIJÃO.

BOLA.

ESCOLA.

PAPAGAIO.

BANANA.

26

AS FRUTAS SÃO ALIMENTOS QUE FAZEM PARTE DA ALIMENTAÇÃO DE MUITAS PESSOAS.

ALÉM DE SABOROSAS, AS FRUTAS QUE CONSUMIMOS TÊM VITAMINAS IMPORTANTES PARA NOS MANTER SAUDÁVEIS.

VOCÊ SABIA QUE MUITAS FRUTAS TÊM NOME DE ORIGEM INDÍGENA? OBSERVE ALGUMAS DELAS.

_____ _____ _____

_____ _____ _____

1. ESCREVA O NOME DE CADA FRUTA NA LINHA EMBAIXO DELA.

2. CIRCULE AS FRUTAS QUE VOCÊ COSTUMA CONSUMIR.

3. COM A AJUDA DO PROFESSOR, DESCUBRA QUAIS SÃO AS VITAMINAS DE CADA FRUTA REPRESENTADA.

RETOMADA

1. PREENCHA A FICHA A SEGUIR COM INFORMAÇÕES SOBRE VOCÊ.

MEU NOME É _____

_____.

TENHO _____ ANOS.

EU SOU:

☐ ALTO.   ☐ BAIXO.

TENHO OLHOS:

☐ PRETOS.   ☐ AZUIS.

☐ MARRONS.   ☐ VERDES.

MEUS CABELOS SÃO:

☐ CASTANHOS.   ☐ PRETOS.

☐ LOIROS.   ☐ RUIVOS.

2. ESCOLHA DOIS AMIGOS COM OS QUAIS VOCÊ GOSTA DE BRINCAR E ESCREVA O NOME E O SOBRENOME DELES.

_____

_____

3. LEIA O NOME DAS PESSOAS RETRATADAS A SEGUIR. DEPOIS LIGUE CADA CRIANÇA À PESSOA DA FAMÍLIA DELA.

CAROLINA PEREIRA

NEUSA TANAKA

ISSAO TANAKA

RAUL DOS SANTOS

PAULO DOS SANTOS

MARIANA PEREIRA

4. CIRCULE DE **VERDE** O SOBRENOME DAS PESSOAS DA ATIVIDADE 3.

PERISCÓPIO

📖 PARA LER

A FAMÍLIA DO MARCELO, DE RUTH ROCHA. SÃO PAULO: SALAMANDRA, 2009.
NESSE LIVRO, MARCELO APRESENTA SUA FAMÍLIA E MOSTRA QUE AS FAMÍLIAS SÃO DIFERENTES, CADA UMA TEM SEU JEITO. ELE FALA DOS HÁBITOS E DAS REGRAS DA FAMÍLIA DELE E DO QUE FAZ PARA AJUDAR NA ORGANIZAÇÃO DA CASA.

A ÁRVORE CONTENTE, DE TELMA GUIMARÃES CASTRO ANDRADE. SÃO PAULO: EDITORA DO BRASIL, 2015.
NA ESCOLA, CADA CRIANÇA MONTOU SUA ÁRVORE GENEALÓGICA E NELA COLOCOU AS PESSOAS DE SUA FAMÍLIA, SEM ESQUECER DE NINGUÉM DE QUEM GOSTA.

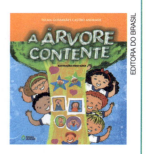

▶ PARA ASSISTIR

MEU MALVADO FAVORITO, DIREÇÃO DE PIERRE COFFIN E CHRIS RENAUD, 2010.
ESSA DIVERTIDA ANIMAÇÃO MOSTRA UMA FAMÍLIA BEM DIFERENTE. DEPOIS DE ENCONTROS E DESENCONTROS, O SENHOR GRU ADOTA TRÊS MENINAS QUE ELE PASSA A AMAR.

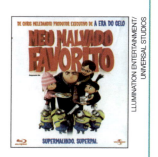

UNIDADE 2
EU E MINHA ESCOLA

1. PINTE A ESCOLA MAIS PARECIDA COM A SUA.

31

NA ESCOLA

TODOS OS DIAS MUITAS CRIANÇAS VÃO À ESCOLA.
MAS O QUE É ESCOLA?
POR QUE ELA É IMPORTANTE NA VIDA DAS CRIANÇAS?
OBSERVE AS IMAGENS.

A SUA ESCOLA

1. QUAL É O NOME DE SUA ESCOLA?

_____

_____

2. O NOME DA RUA ONDE FICA SUA ESCOLA É:

_____

_____ .

3. CONVERSE COM UM COLEGA SOBRE A IMPORTÂNCIA DA ESCOLA PARA VOCÊS E CONTEM AO PROFESSOR O QUE CONCLUÍRAM.

4. DESENHE SUA ESCOLA.

O QUE SE FAZ NA ESCOLA

NA ESCOLA AS CRIANÇAS FAZEM DIVERSAS ATIVIDADES. VAMOS IDENTIFICAR ALGUMAS DELAS?

1. A IMAGEM MOSTRA ALGUMA ATIVIDADE QUE VOCÊ FAZ NA ESCOLA, MAS NÃO EM CASA? SE SIM, QUAIS?

2. CONVERSE COM OS COLEGAS SOBRE A DIFERENÇA ENTRE AS ATIVIDADES QUE VOCÊ REALIZA EM CASA E AS QUE REALIZA NA ESCOLA. FALE TAMBÉM SOBRE AS REGRAS QUE DEVEM SER SEGUIDAS EM CADA UM DESSES AMBIENTES.

O QUE EU FAÇO NA ESCOLA

NA ESCOLA AS CRIANÇAS ESTUDAM, PRATICAM ESPORTES, ALIMENTAM-SE E CONVIVEM COM DIVERSAS PESSOAS.

E VOCÊ? O QUE FAZ NA ESCOLA?

1. ESCREVA NOS QUADRINHOS OS NÚMEROS DAS IMAGENS DA PÁGINA 34 QUE REPRESENTAM AS ATIVIDADES QUE VOCÊ REALIZA NA ESCOLA.

2. ESCOLHA E RECORTE QUATRO IMAGENS DA PÁGINA 95 QUE REPRESENTEM OS ESPAÇOS EM QUE VOCÊ FAZ AS ATIVIDADES DE QUE MAIS GOSTA. DEPOIS, COLE-AS NO QUADRO ABAIXO.

WILM IHLENFELD/SHUTTERSTOCK.COM

AS CRIANÇAS DA ESCOLA

A ESCOLA É UM LUGAR EM QUE AS CRIANÇAS CONVIVEM.

ESSA CONVIVÊNCIA ACONTECE EM TODOS OS AMBIENTES DA ESCOLA. POR EXEMPLO, NA SALA DE AULA, NA QUADRA ESPORTIVA, NO PÁTIO E NO REFEITÓRIO.

OS MEUS AMIGOS

NA ESCOLA, ALÉM DE CONVIVER COM MUITOS COLEGAS, FAZEMOS AMIGOS.

OS AMIGOS SÃO PESSOAS EM QUEM CONFIAMOS E POR QUEM TEMOS MUITO CARINHO.

QUEM SÃO SEUS AMIGOS?

1. DESENHE OS AMIGOS COM QUEM VOCÊ MAIS CONVIVE NA ESCOLA. DEPOIS, ESCREVA O NOME DE CADA UM DELES.

2. HÁ ALGUM AMIGO QUE VAI JUNTO COM VOCÊ PARA A ESCOLA?

☐ SIM. ☐ NÃO.

3. SE SIM, QUEM É ESSE AMIGO?

OS ADULTOS DA MINHA ESCOLA

NA ESCOLA VOCÊ TAMBÉM CONVIVE COM DIVERSOS ADULTOS.

CADA UM DELES REALIZA UMA ATIVIDADE IMPORTANTE PARA QUE A ESCOLA FUNCIONE TODOS OS DIAS.

PROFESSOR.

PORTEIRO.

AUXILIAR DE LIMPEZA.

DIRETORA.

COZINHEIRAS.

PROFESSORA DE EDUCAÇÃO FÍSICA.

1. OBSERVE AS IMAGENS E LIGUE CADA ADULTO AO LOCAL EM QUE ELE TRABALHA NA ESCOLA.

REFEITÓRIO

SALA DE AULA

COZINHA

SECRETARIA

2. VAMOS CONHECER UM POUCO MAIS DO TRABALHO QUE UM ADULTO FAZ EM SUA ESCOLA?

- VOCÊ E OS COLEGAS DEVEM ESCOLHER UM ADULTO QUE CONVIVA COM VOCÊS NA ESCOLA.
- COM A AJUDA DO PROFESSOR, CONVIDEM-NO PARA IR À SALA DE AULA DE VOCÊS CONTAR COMO É A ATIVIDADE DELE NA ESCOLA.
- PRESTEM BASTANTE ATENÇÃO NO QUE ELE DIZ E FAÇAM-LHE PERGUNTAS EM CASO DE DÚVIDA.

LEIO E COMPREENDO

A PROFESSORA

LEIA O TEXTO.

A PROFESSORA ERA UMA MOÇA ALTA, DE ÓCULOS REDONDOS. ELA MOSTRAVA ÀS CRIANÇAS UNS CARTAZES COLORIDOS, ASSIM:

E ELA DIZIA: A – AVE.
E AS CRIANÇAS REPETIAM: A – AVE.
E A PROFESSORA ESCREVIA NO QUADRO-NEGRO:

RUTH ROCHA. *O MENINO QUE APRENDEU A VER*. SÃO PAULO: SALAMANDRA, 2013. P. 14 E 15.

1. CONVERSE COM OS COLEGAS E DESCUBRA O ASSUNTO DO TEXTO.

2. DE ACORDO COM O TEXTO, LIGUE A PROFESSORA ÀS PALAVRAS QUE A DESCREVEM.

PROFESSORA.

IDOSA

MOÇA

ALTA

BAIXA

USA BATOM

USA ÓCULOS

3. O QUE A PROFESSORA ESTAVA ENSINANDO?

_____

4. ELABORE OUTRO CARTAZ PARA ENSINAR A LETRA **A**. PENSE NA PALAVRA E FAÇA O DESENHO CORRESPONDENTE A ELA.

41

COOPERAÇÃO E RESPEITO

PARA UMA BOA CONVIVÊNCIA NA ESCOLA, É IMPORTANTE RESPEITAR OS ADULTOS E OS COLEGAS.

É IMPORTANTE TAMBÉM RESPEITAR AS REGRAS DA ESCOLA, POR EXEMPLO, OS HORÁRIOS DE ENTRADA E SAÍDA, O HORÁRIO DE RECREIO, ENTRE OUTRAS.

ILUSTRAÇÕES: CARLOS SERIBELLI

AS ESCOLAS PODEM TER REGRAS DIFERENTES UMAS DAS OUTRAS. QUAIS SÃO AS REGRAS DE SUA ESCOLA?

1. COM A AJUDA DO PROFESSOR, CRIE UM CARTAZ COM AS REGRAS DA ESCOLA QUE DEVEM SER SEGUIDAS POR TODOS OS ALUNOS.

COMBINADOS NA SALA DE AULA

ALÉM DE SEGUIR AS REGRAS DA ESCOLA, VOCÊ, OS COLEGAS E O PROFESSOR PODEM FAZER ALGUNS COMBINADOS PARA QUE AS AULAS E A CONVIVÊNCIA ENTRE VOCÊS SEJAM BOAS.

1. MARQUE UM **X** NOS COMBINADOS QUE EXISTEM NA SUA SALA DE AULA.

☐ JOGAR O LIXO NA LIXEIRA.

☐ RESPEITAR A OPINIÃO DOS COLEGAS.

☐ FAZER AS LIÇÕES PEDIDAS PELO PROFESSOR.

☐ FALAR A QUALQUER MOMENTO.

☐ MANTER O MATERIAL ORGANIZADO.

☐ PARTICIPAR DAS ATIVIDADES.

AS FESTAS E AS COMEMORAÇÕES NA ESCOLA

A ESCOLA É UM ESPAÇO NO QUAL TAMBÉM ACONTECEM FESTAS E COMEMORAÇÕES.

OBSERVE ALGUMAS DELAS.

FESTA JUNINA.

DIA DAS MÃES.

DIA MUNDIAL DO MEIO AMBIENTE.

DIA DA CRIANÇA.

DIA MUNDIAL DA ÁGUA.

DIA DOS PAIS.

1. CONVERSE COM OS COLEGAS E O PROFESSOR SOBRE O SIGNIFICADO DE CADA UMA DESSAS COMEMORAÇÕES.

2. PINTE OS QUADRINHOS CORRESPONDENTES ÀS IMAGENS QUE RETRATAM AS FESTAS E AS COMEMORAÇÕES QUE ACONTECEM EM SUA ESCOLA.

1 ☐ 2 ☐ 3 ☐ 4 ☐ 5 ☐ 6 ☐

3. PINTE DE **VERDE** O NOME DAS FESTAS E COMEMORAÇÕES QUE ACONTECEM EM SUA FAMÍLIA E EM SUA ESCOLA E DE **VERMELHO** O NOME DAS QUE SÃO COMEMORADAS APENAS EM SUA ESCOLA.

FESTA JUNINA	DIA DAS MÃES
DIA MUNDIAL DO MEIO AMBIENTE	DIA DA CRIANÇA
DIA MUNDIAL DA ÁGUA	DIA DOS PAIS

4. ESCREVA O NOME DE DUAS COMEMORAÇÕES QUE ACONTECEM EM SUA ESCOLA QUE NÃO ESTÃO RETRATADAS NAS IMAGENS.

_____

_____

5. REÚNA-SE COM OS COLEGAS E O PROFESSOR E CONVERSEM SOBRE AS DIFERENÇAS ENTRE A MANEIRA DE COMEMORAR O DIA DAS MÃES NA ESCOLA E EM CASA.

GIRAMUNDO

QUANTOS ALUNOS TÊM NA ESCOLA?

HÁ ESCOLAS GRANDES, OUTRAS PEQUENAS; HÁ AQUELAS COM MUITOS ALUNOS, OUTRAS COM POUCOS ALUNOS.

ALUNOS EM PÁTIO DE ESCOLA DO CAMPO. RIO PIRACIBACA, MINAS GERAIS, 2016.

ALUNOS EM QUADRA DE ESCOLA. CAMPO MOURÃO, PARANÁ, 2017.

ALUNOS EM PARQUE DE ESCOLA INDÍGENA. REDENTORA, RIO GRANDE DO SUL, 2014.

ALUNOS NO PÁTIO DA ESCOLA. JUIZ DE FORA, MINAS GERAIS, 2015.

1. MARQUE UM **X** NOS QUADRINHOS QUE DESCREVEM COMO É SUA ESCOLA.

☐ GRANDE ☐ PEQUENA

☐ MUITOS ALUNOS ☐ POUCOS ALUNOS

2. PINTE UM QUADRINHO PARA CADA ALUNO QUE ESTUDA EM SUA SALA DE AULA. INCLUA VOCÊ NA CONTAGEM.

- AGORA, ESCREVA O NÚMERO DE ALUNOS QUE ESTUDAM EM SUA SALA DE AULA.

3. EM SUA SALA DE AULA, HÁ QUANTOS MENINOS? ☐

4. E QUANTAS MENINAS? ☐

5. QUANTOS PROFESSORES VOCÊ TEM? ☐

6. SOME O NÚMERO DE ALUNOS DE SUA TURMA COM O NÚMERO DE PROFESSORES. FAÇA A OPERAÇÃO E REGISTRE O RESULTADO NO ESPAÇO AO LADO. ☐

CONSTRUIR UM MUNDO MELHOR

🔶 CUIDADOS COM OS LIVROS

VOCÊ COSTUMA LER LIVROS? QUE TIPO DE LIVRO VOCÊ MAIS GOSTA DE LER?

OS LIVROS PODEM SER BEM DIFERENTES UNS DOS OUTROS.

HÁ LIVROS COLORIDOS E COM MUITAS IMAGENS, QUE CONTAM DIVERSAS HISTÓRIAS. HÁ OUTROS COM MAIS TEXTO E POUCAS IMAGENS. HÁ TAMBÉM AQUELES QUE SÃO SOMENTE ESCRITOS.

ELES PODEM SER ENCONTRADOS EM VÁRIOS LUGARES. OBSERVE.

BIBLIOTECA EM ESCOLA. TRACUATEUA, PARÁ, 2013.

FEIRA DE LIVROS. CURITIBA, PARANÁ, 2014.

ÔNIBUS-BIBLIOTECA. SÃO PAULO, SÃO PAULO, 2015.

CRIANÇAS LEEM EM LIVRARIA. CAMPO MOURÃO, PARANÁ, 2017.

HÁ MUITOS LIVROS DENTRO DA ESCOLA. EM ALGUMAS, ELES ESTÃO NA BIBLIOTECA; EM OUTRAS, NAS ESTANTES DA SALA DE AULA OU NO CANTINHO DA LEITURA.

PARA QUE TODAS AS CRIANÇAS POSSAM LÊ-LOS E USÁ-LOS PARA PESQUISAS, É PRECISO CUIDADO: NÃO PODEMOS RASGÁ-LOS NEM RABISCÁ-LOS.

ASSIM, VOCÊ E OS COLEGAS AJUDARÃO A MANTER OS LIVROS DA ESCOLA EM BOAS CONDIÇÕES PARA TODOS.

1. AGORA, VOCÊ E OS COLEGAS IRÃO À BIBLIOTECA DA ESCOLA ELABORAR CARTAZES COM ORIENTAÇÕES DE COMO LER OS LIVROS SEM DANIFICÁ-LOS.

SIGAM AS ETAPAS ABAIXO.

1. UTILIZEM CINCO FOLHAS AVULSAS PARA A ELABORAÇÃO DO CARTAZ.
2. NA PRIMEIRA FOLHA, DESENHEM UM LIVRO.
3. NA SEGUNDA FOLHA, ESCREVAM POR QUE OS LIVROS SÃO IMPORTANTES.
4. NA TERCEIRA FOLHA, ANOTEM O QUE NÃO SE DEVE FAZER COM OS LIVROS.
5. NA QUARTA FOLHA, FAÇAM SUGESTÕES DO QUE FAZER COM O LIVRO DEPOIS DE O LER.
6. NA QUINTA FOLHA, CADA MEMBRO DO GRUPO VAI ESCREVER O PRÓPRIO NOME PARA IDENTIFICAR A TURMA.
7. COMBINEM, COM O RESPONSÁVEL PELA BIBLIOTECA, UM LOCAL PARA FIXAR OS CARTAZES.

RETOMADA

1. PINTE AS FRASES CORRETAS.

| A ESCOLA É O LUGAR EM QUE CONVIVO COM MINHA FAMÍLIA. | A ESCOLA É O LUGAR EM QUE APRENDO A LER E A ESCREVER. |

| A ESCOLA É ONDE COMEMORO AS FESTAS DE MINHA FAMÍLIA. | A ESCOLA É ONDE CONVIVO COM MEUS COLEGAS. |

A ESCOLA É O LUGAR EM QUE APRENDO HISTÓRIA.

2. LIGUE AS IMAGENS DOS ADULTOS ÀS FUNÇÕES DELES NA ESCOLA.

AJUDA A MANTER A ESCOLA LIMPA.

ENSINA MUITAS COISAS NA SALA DE AULA.

PREPARA AS MERENDAS E AS REFEIÇÕES.

ILUSTRAÇÕES: VANESSA ALEXANDRE

3. ENCONTRE NO DIAGRAMA O NOME DE ALGUNS DOS ESPAÇOS QUE PODEM EXISTIR EM UMA ESCOLA.

PÁTIO   BIBLIOTECA   QUADRA
REFEITÓRIO   COZINHA

L	J	U	N	U	T	C	T	C	H	H	L	D	K
E	Q	U	A	D	R	A	B	I	W	P	X	E	F
K	K	R	E	R	U	Z	E	P	I	P	L	S	M
P	Á	T	I	O	I	Y	Q	C	Y	H	P	F	I
R	E	F	E	I	T	Ó	R	I	O	Y	A	G	U
G	O	E	B	E	R	I	H	J	C	E	W	O	P
V	E	U	C	A	J	O	X	S	X	Z	E	N	Z
I	V	B	I	B	L	I	O	T	E	C	A	Z	G
G	R	A	O	Y	O	D	P	R	W	D	K	O	Y
I	J	F	A	V	E	R	C	O	Z	I	N	H	A

4. O QUE PODEMOS FAZER NA ESCOLA?

_____

_____

_____

_____

_____

PERISCÓPIO

PARA LER

ESCOLAS COMO A SUA: UM PASSEIO PELAS ESCOLAS AO REDOR DO MUNDO, DE ZAHAVIT SHALEV E PENNY SMITH. SÃO PAULO: ÁTICA, 2008.
ESSE LIVRO É UMA VIAGEM EM QUE VOCÊ CONHECERÁ AS CRIANÇAS E AS ESCOLAS DE DIFERENTES LUGARES DO PLANETA.

BIBI VAI PARA A ESCOLA, DE ALEJANDRO ROSAS. SÃO PAULO: SCIPIONE, 2005.
O LIVRO CONTA A HISTÓRIA DE BIBI, UMA MENINA QUE NÃO QUERIA IR PARA A ESCOLA PORQUE PENSAVA SER UM LUGAR DO QUAL NÃO GOSTARIA. ENTÃO, NO PRIMEIRO DIA DE AULA, ELA TEM UMA SURPRESA.

QUANDO O MIGUEL ENTROU NA ESCOLA, DE RUTH ROCHA. SÃO PAULO: MELHORAMENTOS, 2016.
NO PRIMEIRO DIA DE AULA, MIGUEL ENFRENTA ALGUMAS DIFICULDADES. SAIBA COMO ELE APRENDEU A LIDAR COM SEUS SENTIMENTOS E A APROVEITAR A ESCOLA.

UNIDADE 3
BRINCADEIRAS E BRINQUEDOS

O QUE ESTÁ FALTANDO PARA AS CRIANÇAS SE DIVERTIREM?

1. VÁ ATÉ A PÁGINA 95, RECORTE OS BRINQUEDOS COM OS QUAIS AS CRIANÇAS ESTÃO BRINCANDO E COLE- -OS NO LOCAL CORRETO.

BRINCAR E SE EXERCITAR

BRINCAR É UMA ATIVIDADE DA QUAL, GERALMENTE, TODAS AS CRIANÇAS GOSTAM.

VOCÊ GOSTA DE BRINCAR? JÁ PERCEBEU QUE, EM ALGUMAS BRINCADEIRAS, PRATICAMOS ATIVIDADE FÍSICA?

1. OBSERVE AS IMAGENS E COMPLETE AS FRASES.

A MENINA ESTÁ _____ CORDA.

AS CRIANÇAS ESTÃO _____.

AS CRIANÇAS ESTÃO _____ DE BICICLETA.

2. EM UMA FOLHA AVULSA, DESENHE SUA BRINCADEIRA FAVORITA.

DIFERENTES FORMAS DE BRINCAR

VOCÊ JÁ SABE QUE, EM MUITAS BRINCADEIRAS, FAZEMOS ATIVIDADE FÍSICA.

MAS HÁ OUTRAS, COMO ADIVINHAS, DESAFIOS E JOGOS DE TABULEIRO, EM QUE NÃO CORREMOS NEM PULAMOS.

PODEMOS TAMBÉM BRINCAR COM AMIGOS OU SOZINHOS. COMO VOCÊ PREFERE?

1. PINTE O QUADRINHO DE ACORDO COM A LEGENDA.

   ■ BRINCADEIRA COM AMIGOS

   ■ BRINCADEIRA INDIVIDUAL

55

BRINCAR EM DIVERSOS ESPAÇOS

AS CRIANÇAS BRINCAM EM DIFERENTES ESPAÇOS, COMO RUAS, PARQUES, PRAIAS, QUADRAS ESPORTIVAS, PÁTIO DA ESCOLA, DENTRO DE CASA, ENTRE OUTROS.

1. OBSERVE AS IMAGENS E ASSINALE AS QUE RETRATAM LUGARES EM QUE VOCÊ COSTUMA BRINCAR.

ILUSTRAÇÕES: VANESSA ALEXANDRE

2. HÁ ALGUM LUGAR QUE VOCÊ AINDA NÃO CONHECE E EM QUE GOSTARIA DE BRINCAR? CONTE AOS COLEGAS E AO PROFESSOR.

BRINCADEIRAS CONHECIDAS POR CRIANÇAS NO MUNDO

EXISTEM BRINCADEIRAS QUE SÃO CONHECIDAS POR CRIANÇAS DE VÁRIOS LUGARES DO MUNDO.

AS CRIANÇAS DE UGANDA, UM PAÍS DA ÁFRICA, COSTUMAM BRINCAR DE **PENGO--PENGO**.

AS CRIANÇAS DO JAPÃO GOSTAM DE BRINCAR DE **JAN KEN PON**.

AS BRINCADEIRAS E OS COSTUMES

AS CRIANÇAS APRENDEM MUITAS BRINCADEIRAS COM OS ADULTOS E COM OS MEMBROS DA FAMÍLIA.

ALGUMAS DESSAS BRINCADEIRAS FAZEM PARTE DOS COSTUMES DESSAS FAMÍLIAS.

UMA DELAS É CONHECIDA COMO **FIGURAS DE BARBANTE**. ELA CONSISTE EM CRIAR FIGURAS COM UM PEDAÇO DE BARBANTE ENTRELAÇADO NAS MÃOS.

1. OBSERVE AS IMAGENS.

- VOCÊ CONHECE ESSA BRINCADEIRA?

  ☐ SIM.   ☐ NÃO.

- QUAIS SÃO AS FIGURAS FEITAS COM BARBANTE QUE VOCÊ RECONHECE NAS IMAGENS? CONVERSE COM OS COLEGAS E O PROFESSOR.

A MESMA BRINCADEIRA COM UM JEITO DIFERENTE

AS CRIANÇAS DO POVO INDÍGENA KALAPALO TAMBÉM BRINCAM DE CRIAR FIGURAS.

LEIA O TEXTO.

OS KALAPALO, QUE VIVEM NO PARQUE INDÍGENA DO XINGU, NO MATO GROSSO, TAMBÉM CONHECEM ESTA BRINCADEIRA QUE É CHAMADA DE KETINHO MITSELÜ. UTILIZAM UM FIO COMPRIDO FEITO DA PALHA DE **BURITI** TRANÇADO E AMARRADO NAS PONTAS. ENTRELAÇAM RAPIDAMENTE O FIO COM OS DEDOS E FORMAM DIVERSAS FIGURAS.

BURITI: TIPO DE ÁRVORE.

MIRIM – POVOS INDÍGENAS NO BRASIL. *JOGOS E BRINCADEIRAS KALAPALO: KETINHO MITSELÜ.* DISPONÍVEL EM: <https://mirim.org/node/2342>. ACESSO EM: 6 ABR. 2018

1. MARQUE UM **X** NO QUADRINHO DA FRASE CORRETA.

☐ A BRINCADEIRA **FIGURAS DE BARBANTE** É CHAMADA DE **KETINHO MITSELÜ** PELO POVO KALAPALO.

☐ AS CRIANÇAS DO POVO KALAPALO UTILIZAM BARBANTE NA BRINCADEIRA **FIGURAS DE BARBANTE**.

2. CIRCULE NO TEXTO UMA SEMELHANÇA ENTRE A BRINCADEIRA **KETINHO MITSELÜ** E AS **FIGURAS DE BARBANTE**.

LEIO E COMPREENDO

BRINCAR COM AS SOMBRAS

FAZER SOMBRAS DE ANIMAIS NA PAREDE É UMA BRINCADEIRA CONHECIDA E PRATICADA POR CRIANÇAS E ADULTOS EM VÁRIOS LUGARES DO MUNDO.

UM AMBIENTE ÀS ESCURAS, UMA PAREDE E UMA LANTERNA OU ABAJUR É TUDO DE QUE VOCÊ PRECISA PARA SE DIVERTIR. COM AS MÃOS POSICIONADAS EM FRENTE À LUZ, CRIE SEUS ANIMAIS PROJETANDO A SOMBRA NA PAREDE.

LEIA O TEXTO.

SEGREDOS DA SOMBRA

A MÃO SABE SEGREDOS:
BICHOS APARECEM
NA PONTA DOS DEDOS...

DEDOS JUNTOS
EM FRENTE À LUZ:
UMA CABEÇA DE AVESTRUZ...

ABRO INTEIRO
O POLEGAR:
UM CACHORRO VAI ROSNAR...

DUAS MÃOS,
LADO A LADO:
BATE AS ASAS, BICHO ALADO...

SÉRGIO JOSÉ MEURER. *CADA COISA QUE PARECE*. SÃO PAULO: CORTEZ, 2012. P. 7.

1. CIRCULE AS SOMBRAS MENCIONADAS NO TEXTO.

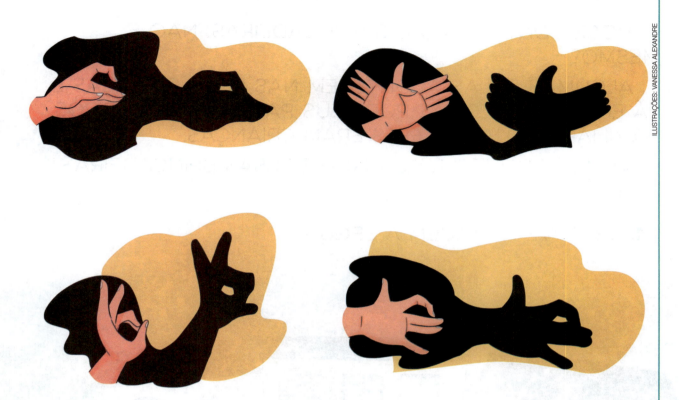

2. O AUTOR DO TEXTO DIZ: "A MÃO SABE SEGREDOS". GRIFE DE **VERMELHO** OS VERSOS DO TEXTO QUE CITAM QUAIS SÃO ESSES SEGREDOS.

3. AGORA GRIFE DE **AZUL** OS VERSOS QUE DESCREVEM COMO SE BRINCA DE SOMBRAS.

4. VOCÊ JÁ BRINCOU COM SOMBRAS? MOSTRE AOS COLEGAS AS SOMBRAS DE ANIMAIS QUE CONSEGUE FAZER.

5. ESCREVA O NOME DOS ANIMAIS QUE VOCÊ CONSEGUIU FORMAR BRINCANDO COM AS SOMBRAS.

_____

_____

AS BRINCADEIRAS TRADICIONAIS

VOCÊ CONHECE MUITAS BRINCADEIRAS, NÃO É MESMO?

ALGUMAS DELAS ACONTECEM NAS RUAS E PRAÇAS E JÁ ERAM CONHECIDAS POR SEUS PAIS, AVÓS E OUTROS FAMILIARES QUANDO ELES ERAM CRIANÇAS.

VAMOS CONHECER ALGUMAS DESSAS BRINCADEIRAS DE RUA?

1. OBSERVE A IMAGEM A SEGUIR.

- EM QUAL ESPAÇO AS CRIANÇAS ESTÃO BRINCANDO?

_____

- PINTE DE **VERDE** OS QUADROS COM AS BRINCADEIRAS QUE VOCÊ CONHECE E DE **VERMELHO** OS DAS QUE VOCÊ NÃO CONHECE.

PULAR CORDA	CARRINHO DE ROLIMÃ	AMARELINHA
BALANÇO	JOGAR BOLA	RODAR PIÃO
BOLINHA DE GUDE	BOLHA DE SABÃO	ANDAR DE BICICLETA

2. ASSINALE OS ESPAÇOS ONDE VOCÊ COSTUMA BRINCAR.

☐ PRAÇA ☐ PARQUE ☐ QUINTAL

☐ RUA ☐ ÁREA DO PRÉDIO

3. CONVERSE COM UM FAMILIAR, MOSTRE A IMAGEM DA PÁGINA ANTERIOR E PERGUNTE A ELE:

- DE QUAIS DAS BRINCADEIRAS RETRATADAS VOCÊ BRINCAVA QUANDO ERA CRIANÇA?

- ONDE VOCÊ COSTUMAVA BRINCAR?

- DE QUAL DESSAS BRINCADEIRAS VOCÊ MAIS GOSTAVA?

DEPOIS, CONTE O QUE ELE DISSE AOS COLEGAS E AO PROFESSOR.

PARA SABER MAIS

CONSTRUINDO BRINQUEDOS

PARA MUITAS CRIANÇAS, A BRINCADEIRA PODE COMEÇAR COM A CONSTRUÇÃO DO BRINQUEDO.

VOCÊ JÁ PENSOU EM FAZER UM BRINQUEDO?

QUE TAL CONSTRUIR UM AVIÃO DE PAPEL USANDO A TÉCNICA DO **ORIGAMI**?

ORIGAMI: ARTE JAPONESA DE DOBRAR O PAPEL ATÉ QUE ELE GANHE FORMA DE BRINQUEDOS, ANIMAIS ETC.

64

SIGA O PASSO A PASSO.

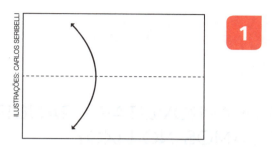

DOBRE O PAPEL E MARQUE O CENTRO DELE.

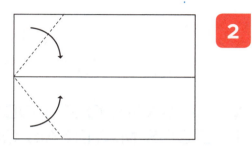

DOBRE AS PONTAS EM DIREÇÃO AO CENTRO.

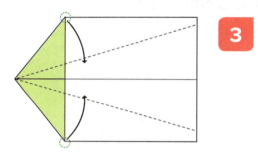

DOBRE O PAPEL NA LINHA PONTILHADA.

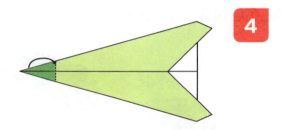

DOBRE A PONTA PARA TRÁS.

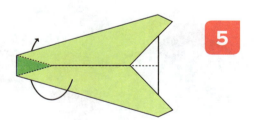

DOBRE A PARTE DE BAIXO DO PAPEL PARA CIMA, NA LINHA CENTRAL.

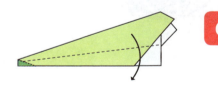

DOBRE AS ASAS PARA BAIXO.

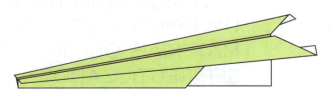

ESTÁ PRONTO SEU AVIÃO!

GIRAMUNDO

CONSTRUINDO BRINQUEDO COM MATERIAL REUTILIZÁVEL

VOCÊ SABIA QUE PODEMOS REAPROVEITAR GRANDE PARTE DOS MATERIAIS QUE JOGAMOS NO LIXO?

PAPEL, PLÁSTICO E LATINHAS PODEM SER TRANSFORMADOS, POR EXEMPLO, EM BRINQUEDOS!

OBSERVE AS IMAGENS PARA CONHECER ALGUNS DELES.

VAMOS CONSTRUIR UM BRINQUEDO COM MATERIAIS QUE PODEM SER REUTILIZADOS?

1. REÚNA-SE COM DOIS COLEGAS E, JUNTOS, SIGAM AS INSTRUÇÕES ABAIXO.

MATERIAL:

- CAIXAS DE PAPELÃO DE TAMANHOS VARIADOS, LATAS, GARRAFAS PET, TAMPINHAS ETC.;
- COLA, FITA ADESIVA, BARBANTE, TINTA GUACHE OU CANETINHAS COLORIDAS.

ETAPAS

1. ESCOLHAM UM DOS BRINQUEDOS DAS IMAGENS OU ALGUM DA LISTA ELABORADA PELO PROFESSOR.
2. PEÇAM ORIENTAÇÃO AO PROFESSOR SOBRE QUAIS MATERIAIS UTILIZAR E COMO INICIAR A CONSTRUÇÃO DO BRINQUEDO.
3. DURANTE A CONSTRUÇÃO, É IMPORTANTE QUE VOCÊS COLABOREM, TROQUEM IDEIAS E DISTRIBUAM AS TAREFAS.
4. DEPOIS DE PRONTO, MOSTREM SEU BRINQUEDO AOS OUTROS COLEGAS DA TURMA.
5. AGORA, DESENHE O BRINQUEDO QUE VOCÊS CONSTRUÍRAM.

1. OBSERVE AS IMAGENS E ESCREVA O NOME DAS BRINCADEIRAS.

_____

_____

_____

2. OBSERVE AS FOTOGRAFIAS E FAÇA O QUE SE PEDE.

MENINO ANDA DE TRICICLO, 1950.

MENINA ANDA DE BICICLETA, 2011.

- AS FOTOGRAFIAS RETRATAM:

  ☐ AS MESMAS BRINCADEIRAS.

  ☐ BRINCADEIRAS DIFERENTES.

- AS CRIANÇAS RETRATADAS NAS IMAGENS VIVEM NA MESMA ÉPOCA?

  ☐ SIM.   ☐ NÃO.

- COMO VOCÊ DESCOBRIU A RESPOSTA DA PERGUNTA ANTERIOR? CONVERSE COM OS COLEGAS E O PROFESSOR.

3. VOCÊ COSTUMA BRINCAR COM OS ADULTOS QUE MORAM COM VOCÊ? COMO SÃO AS BRINCADEIRAS? CONTE AOS COLEGAS E AO PROFESSOR.

69

PERISCÓPIO

📖 PARA LER

BRINCADEIRA DE SOMBRA, DE ANA MARIA MACHADO. SÃO PAULO: GLOBAL, 2001. A MENINA LUÍSA SAI PARA PASSEAR COM O AVÔ E DESCOBRE QUE AS SOMBRAS ESTÃO EM TODOS OS LUGARES. BRINCANDO COM LUZES E MOVIMENTOS, ELA VÊ QUE SOMBRAS APARECEM, SOMEM E MUDAM DE TAMANHO.

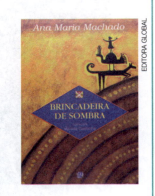

VAMOS BRINCAR?, DE EMILIA CIPRIANO E SILMARA RASCALHA CASADEI. SÃO PAULO: ESCRITINHA, 2009. COM ESSE LIVRO, VOCÊ APRENDERÁ DIFERENTES BRINCADEIRAS PARA SE DIVERTIR COM OS AMIGOS.

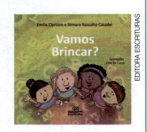

▶ PARA ASSISTIR

TOY STORY, DIREÇÃO DE JOHN LASSETER, 1995. NESSE FILME, OS BRINQUEDOS GANHAM VIDA QUANDO NINGUÉM ESTÁ OLHANDO. EM SEU ANIVERSÁRIO DE 8 ANOS, ANDY GANHA UM NOVO BRINQUEDO, PROVOCANDO CIÚMES NOS MAIS ANTIGOS.

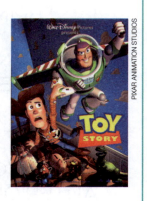

👆 PARA ACESSAR

BRINCANDO DE IMAGINAR: O VÍDEO MOSTRA UMA FORMA DIVERTIDA DE BRINCAR DE ESCONDE-ESCONDE. DISPONÍVEL EM: <https://youtu.be/AqJ0SVJRVg0>. ACESSO EM: 6 ABR. 2018

UNIDADE 4
TEMPO, TEMPO, TEMPO

1. VÁ ATÉ A PÁGINA 93, OBSERVE AS IMAGENS, RECORTE A QUE REPRESENTA A IDADE QUE VOCÊ TEM HOJE E COLE-A NA CENA ABAIXO.

ONTEM, HOJE E AMANHÃ

TODOS OS DIAS AS PESSOAS REALIZAM DIVERSAS ATIVIDADES.

NAS FAMÍLIAS, MUITOS ADULTOS TRABALHAM EM CASA, ALGUNS EM LUGARES DISTANTES E OUTROS ESTUDAM.

JÁ AS CRIANÇAS, VÃO À ESCOLA E BRINCAM.

MAS HÁ MOMENTOS EM QUE TODOS ESTÃO JUNTOS.

VOCÊ SE LEMBRA DO QUE FEZ ONTEM JUNTO COM SEUS FAMILIARES? O QUE VOCÊS PRETENDEM FAZER JUNTOS HOJE? E O QUE FARÃO AMANHÃ?

1. OBSERVE AS IMAGENS DA PÁGINA ANTERIOR. O QUE AS PESSOAS DESSA FAMÍLIA FARÃO AMANHÃ?

☐ IRÃO AO TRABALHO DE ÔNIBUS.

☐ IRÃO AO PARQUE.

2. CONVERSE COM UM ADULTO DE SUA FAMÍLIA E DESCUBRA:

- QUAIS ATIVIDADES ELE REALIZA TODOS OS DIAS?
- POR QUE ESSAS ATIVIDADES SÃO IMPORTANTES PARA A FAMÍLIA?
- DE QUAL DAS ATIVIDADES QUE FEZ ONTEM ELE MAIS GOSTOU?

3. AGORA DESENHE UMA ATIVIDADE QUE VOCÊ E O ADULTO COM QUEM CONVERSOU FIZERAM JUNTOS ONTEM.

O PASSADO E O PRESENTE

AS PALAVRAS **ONTEM** E **HOJE** SÃO UTILIZADAS PARA FALAR SOBRE O TEMPO.

PARA FALAR E LEMBRAR DO TEMPO QUE PASSOU, UTILIZAMOS AS PALAVRAS **ONTEM**, **PASSADO** OU **ANTIGAMENTE**.

A PALAVRA **PRESENTE** É UTILIZADA PARA FALARMOS DO QUE ESTAMOS VIVENDO HOJE.

SALA DE AULA, 1922.

SALA DE AULA, 2017.

1. OBSERVE AS IMAGENS E ASSINALE NO QUADRO O QUE É SEMELHANTE E O QUE É DIFERENTE ENTRE A SALA DE AULA DO PASSADO E A MAIS PRÓXIMA DO PRESENTE.

	SEMELHANÇAS	**DIFERENÇAS**
ROUPAS		
PORTA--CHAPÉUS		
JANELAS		
QUADRO DE GIZ		

O FUTURO

O FUTURO É O QUE PODE ACONTECER.

MUITAS CRIANÇAS GOSTAM DE IMAGINAR O QUE QUEREM SER QUANDO SE TORNAREM ADULTAS.

VOCÊ JÁ IMAGINOU ISSO?

MÚSICO.
MÉDICA.
PROFESSORA.
PILOTO DE AVIÃO.
JOGADORA DE FUTEBOL.
BOMBEIRO.
COZINHEIRO.
PROGRAMADOR.
CIENTISTA.

ILUSTRAÇÕES: VANESSA ALEXANDRE

1. OBSERVE AS IMAGENS ACIMA E CIRCULE A QUE RETRATA O QUE VOCÊ IMAGINA SER NO FUTURO.

2. CASO AS IMAGENS NÃO RETRATEM O QUE VOCÊ GOSTARIA DE FAZER NO FUTURO, DESENHE EM UMA FOLHA AVULSA AQUILO QUE VOCÊ IMAGINA.

SEU PASSADO

TODAS AS PESSOAS TÊM UM PASSADO.

HÁ VÁRIAS FORMAS DE CONHECER SEU PASSADO: POR MEIO DE FOTOGRAFIAS, DOS MOMENTOS COM A FAMÍLIA, DAS HISTÓRIAS QUE OS ADULTOS CONTARAM PARA VOCÊ, DOS BRINQUEDOS DOS QUAIS VOCÊ GOSTAVA, DOS DESENHOS QUE FEZ NA ESCOLA DE EDUCAÇÃO INFANTIL, ENTRE OUTRAS.

MÃE E FILHA OLHAM ÁLBUM DE FOTOGRAFIAS.

1. COM A AJUDA DE SEUS FAMILIARES, SELECIONE UMA FOTOGRAFIA OU UM OBJETO QUE RECORDE UM MOMENTO DE SUA VIDA DE QUE VOCÊ NÃO GOSTOU.

DESENHE AQUI ESSE MOMENTO.

VOCÊ E SUA FAMÍLIA

BRINCADEIRAS, COMEMORAÇÕES E FESTEJOS COM DANÇA E MÚSICA SÃO ALGUNS EXEMPLOS DO QUE PODEMOS FAZER EM FAMÍLIA. TUDO ISSO, MUITAS VEZES, ESTÁ RELACIONADO AOS COSTUMES DO PASSADO.

1. OBSERVE A IMAGEM E CIRCULE NELA UMA DAS BRINCADEIRAS QUE VOCÊ APRENDEU COM SUA FAMÍLIA.

HELENA COELHO. *PARQUE DAS CRIANÇAS*, 2009. ÓLEO SOBRE TELA, 30 CM × 40 CM.

2. ESCREVA O NOME DESSA BRINCADEIRA.

_____

AS FASES DA VIDA

TODOS OS SERES HUMANOS PASSAM POR FASES NA VIDA.

AS PESSOAS NASCEM, TORNAM-SE CRIANÇAS, JOVENS, ADULTOS E IDOSOS.

1. RECORTE AS FIGURAS DA PÁGINA 93, COLE-AS NA SEQUÊNCIA DAS FASES DA VIDA E NUMERE-AS.

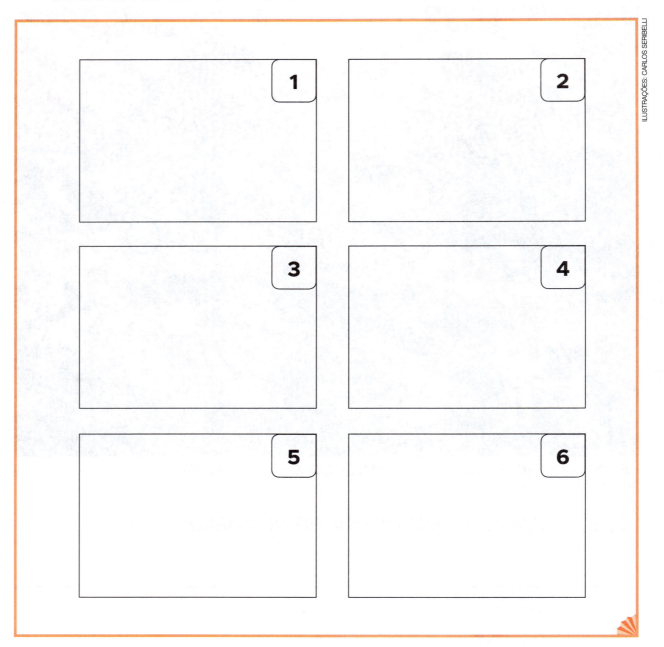

ILUSTRAÇÕES: CARLOS SERIBELLI

78

2. QUAL É O NÚMERO DA FIGURA QUE CORRESPONDE À FASE DA VIDA QUE VOCÊ ESTÁ NO PRESENTE?

3. QUAL É O NÚMERO DA FIGURA QUE CORRESPONDE À FASE DA VIDA DE SEU PASSADO?

4. QUAIS SÃO OS NÚMEROS DAS FIGURAS QUE CORRESPONDEM A SEU FUTURO?

5. CIRCULE AS PALAVRAS QUE ESTÃO RELACIONADAS À ATUAL FASE DE SUA VIDA.

ESCOLA

FAMÍLIA

BRINCADEIRAS

TRABALHO

DESENHO

6. CONVERSE COM UM ADULTO DE SUA FAMÍLIA E PERGUNTE QUE LEMBRANÇA DA INFÂNCIA ELE TEM, OU SEJA, DA FASE EM QUE ERA CRIANÇA.

7. ESCREVA O NOME DESSE ADULTO E QUANTOS ANOS ELE TEM.

_____

_____

LEIO E COMPREENDO

NO TEMPO DOS MEUS BISAVÓS

IMAGINEM QUE NAQUELE TEMPO AINDA NEM EXISTIA ASFALTO. AS RUAS ERAM DE TERRA OU DE PARALELEPÍPEDO. MAS, EM COMPENSAÇÃO, AS CRIANÇAS PODIAM FICAR BRINCANDO ATÉ TARDE, NAS RUAS. BRINCAVAM DE PEGA-PEGA, DE RODA, DE ESCONDE--ESCONDE, PASSA-ANEL, BARRA-MANTEIGA.

E SÓ IAM PARA CASA NA HORA DE DORMIR.

NYE RIBEIRO. *NO TEMPO DOS MEUS BISAVÓS*. 2. ED. SÃO PAULO: EDITORA DO BRASIL, 2013. P. 21.

1. QUAL É O TÍTULO DO TEXTO?

_____

_____

80

2. CIRCULE O TEMPO QUE O TEXTO DESCREVE.

PRESENTE   PASSADO   FUTURO

3. ASSINALE AS FRASES QUE INDICAM O QUE ACONTECIA NO TEMPO DOS BISAVÓS CONFORME DESCRITO NO TEXTO.

☐ AS CRIANÇAS DORMIAM CEDO.

☐ AS CRIANÇAS PODIAM BRINCAR NAS RUAS.

☐ AS RUAS ERAM ASFALTADAS.

☐ AS CRIANÇAS PODIAM BRINCAR ATÉ TARDE.

4. PINTE DE **VERDE** O TRECHO DO TEXTO QUE DESCREVE COMO ERAM AS RUAS NO PASSADO.

5. PINTE DE **VERMELHO** O TRECHO DO TEXTO QUE DESCREVE AS BRINCADEIRAS DO PASSADO.

6. ESCREVA O NOME DAS BRINCADEIRAS DO PASSADO QUE VOCÊ CONHECE E DAS QUAIS BRINCA.

_____

_____

_____

_____

AS COMEMORAÇÕES E O TEMPO

EM MUITAS COMEMORAÇÕES LEMBRAMOS DE MOMENTOS IMPORTANTES DA NOSSA VIDA.

COMEMORAÇÃO DE ANIVERSÁRIO.

EM OUTRAS, COMO O DIA DO PROFESSOR, LEMBRAMOS DE PESSOAS QUE SÃO IMPORTANTES PARA NÓS.

COMEMORAÇÃO DO DIA DO PROFESSOR.

1. MARQUE UM **X** NA IMAGEM QUE RETRATA UMA COMEMORAÇÃO QUE ACONTECE NO AMBIENTE ESCOLAR.

2. CIRCULE DE **AZUL** A LEGENDA DA IMAGEM QUE RETRATA UMA COMEMORAÇÃO QUE ACONTECE NO AMBIENTE DOMÉSTICO E QUE LEMBRA A DATA DO NASCIMENTO DE UMA PESSOA.

COMEMORAR O PRESENTE, PENSAR O FUTURO

ALGUMAS COMEMORAÇÕES QUE ACONTECEM NA ESCOLA ESTÃO LIGADAS AO PRESENTE E AO FUTURO. VAMOS CONHECER DUAS DELAS?

1. CONVERSE COM OS COLEGAS E O PROFESSOR E, JUNTOS, RESPONDAM ÀS PERGUNTAS.
   - QUAL É A IMPORTÂNCIA DE PRESERVAR A ÁGUA?
   - POR QUE É IMPORTANTE PRESERVAR O MEIO AMBIENTE?
   - COMO A PRESERVAÇÃO DESSES RECURSOS ESTÁ LIGADA AO FUTURO?

2. EM UMA FOLHA DE PAPEL AVULSA, ELABORE UM CARTAZ SOBRE A IMPORTÂNCIA DE PRESERVAR O MEIO AMBIENTE.

GIRAMUNDO

AS DIFERENTES FASES DA VIDA

VOCÊ SABIA QUE NÃO SÃO APENAS OS SERES HUMANOS QUE TÊM VÁRIAS FASES NA VIDA?

OUTROS SERES VIVOS, COMO PLANTAS E OUTROS ANIMAIS, TAMBÉM TÊM!

OBSERVE AS IMAGENS.

1. COM A AJUDA DO PROFESSOR, VOCÊ E OS COLEGAS OBSERVARÃO AS FASES DE CRESCIMENTO DE UMA PLANTA. SIGAM AS ETAPAS.

MATERIAL:

- ALGODÃO;
- COPO DESCARTÁVEL;
- FEIJÕES;
- MÁQUINA FOTOGRÁFICA OU CELULAR COM CÂMERA.

84

ETAPAS

1. PARA PREPARAR O PLANTIO, MOLHE O ALGODÃO E COLOQUE-O NO COPINHO.
2. EM SEGUIDA, COLOQUE OS GRÃOS DE FEIJÃO EM CIMA DO ALGODÃO.
3. MOLHE O ALGODÃO TODOS OS DIAS E OBSERVE O CRESCIMENTO DA PLANTA.
4. FOTOGRAFE O DESENVOLVIMENTO DA PLANTA DIARIAMENTE.
5. APÓS SETE DIAS, OBSERVE TODAS AS FOTOGRAFIAS JUNTAS.
6. PARA FINALIZAR, CONVERSE COM OS COLEGAS E O PROFESSOR SOBRE O QUE VOCÊ OBSERVOU NAS FASES DE CRESCIMENTO DA PLANTA E AS MUDANÇAS QUE OCORRERAM.

CONSTRUIR UM MUNDO MELHOR

🔶 CUIDAR DAS ÁRVORES É IMPORTANTE

AS ÁRVORES SÃO PLANTAS.

E COMO TODAS AS PLANTAS, ELAS PASSAM POR FASES DURANTE A VIDA.

ILUSTRAÇÕES: CARLOS SERIBELLI

AS ÁRVORES SÃO MUITO IMPORTANTES PARA NOSSA VIDA.

HOMEM COLHE LARANJA. CORUMBATAÍ DO SUL, PARANÁ, 2015.

PESSOAS ABRIGAM-SE EM SOMBRA DE ÁRVORE. TERESINA, PIAUÍ, 2015.

ELAS DÃO FRUTOS, QUE NOS ALIMENTAM, E TAMBÉM NOS PROTEGEM DO SOL COM SUA SOMBRA.

USAMOS AS FOLHAS DE MUITOS TIPOS DE ÁRVORES PARA FAZER REMÉDIOS. ALÉM DISSO, ELAS CONTRIBUEM PARA MELHORAR A QUALIDADE DO AR.

AS ÁRVORES DEMORAM MUITO TEMPO PARA CRESCER. VOCÊ SABIA QUE ALGUMAS SÃO MAIS VELHAS DO QUE SEUS PAIS?

VOCÊ E OS COLEGAS PODEM AJUDAR A CUIDAR E PRESERVAR AS ÁRVORES. VAMOS DESCOBRIR COMO?

1. COM A AJUDA DO PROFESSOR, OBSERVEM AS ÁRVORES PRÓXIMAS À ESCOLA.
2. ESCOLHAM UMA ÁRVORE E DEEM UM NOME A ELA.
3. AJUDEM A TIRAR A SUJEIRA DO TERRENO AO REDOR DELA E REGUEM-NA TODOS OS DIAS.
4. ELABOREM UM CARTAZ QUE EXPLIQUE POR QUE DEVEMOS PRESERVAR AS ÁRVORES.
5. DEPOIS COLOQUEM O CARTAZ PRÓXIMO À ÁRVORE QUE VOCÊS ESCOLHERAM.

RETOMADA

1. ASSINALE AS FRASES CORRETAS.

☐ FUTURO É O QUE AINDA VAI ACONTECER.

☐ PASSADO É O QUE VIVEMOS HOJE.

☐ PRESENTE É O QUE ESTÁ ACONTECENDO HOJE.

☐ FUTURO É O QUE ESTÁ ACONTECENDO.

☐ PASSADO É O QUE JÁ VIVEMOS.

2. LIGUE OS BALÕES ÀS PALAVRAS A ELES CORRESPONDENTES.

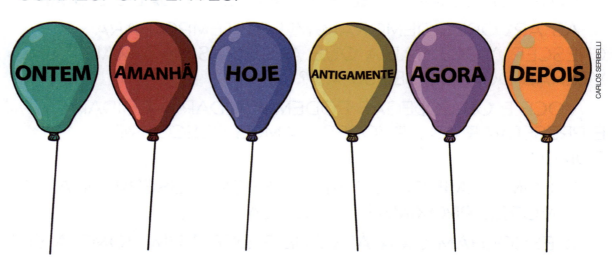

CARLOS SERIBELLI

PASSADO   PRESENTE   FUTURO

3. OBSERVE A FOTOGRAFIA DE LÚCIA, UMA MENINA DE 7 ANOS.

- DESENHE NOS ESPAÇOS ABAIXO UMA FASE DA VIDA DE LÚCIA NO PASSADO E OUTRA NO FUTURO.

PASSADO	FUTURO
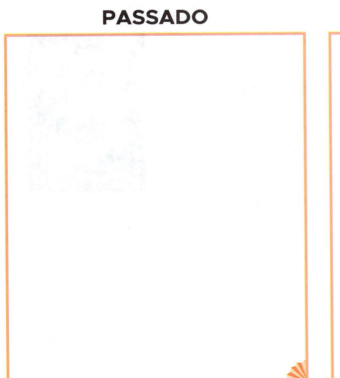	

PERISCÓPIO

📖 PARA LER

O GRANDE RABANETE, DE TATIANA BELINKY. SÃO PAULO: MODERNA, 1999.
ACOMPANHE O CRESCIMENTO DO RABANETE PLANTADO PELO VOVÔ E VOCÊ DESCOBRIRÁ QUE A UNIÃO DE TODOS É IMPORTANTE PARA A REALIZAÇÃO DE UMA ATIVIDADE DIVERTIDA E SAUDÁVEL.

MEU AMIGO, O CANGURU, DE ZIRALDO. SÃO PAULO: MELHORAMENTOS, 1990.
ESSA É A HISTÓRIA DA INFÂNCIA DE ZIRALDO E SEU RELACIONAMENTO COM UM DIVERTIDO CANGURU QUE ELE DESCOBRIU EM UM LIVRO.

▶ PARA ASSISTIR

A FAMÍLIA DO FUTURO, DIREÇÃO DE STEPHEN ANDERSON, 2007.
O PEQUENO LEWIS VIVE SONHANDO EM ENCONTRAR A FAMÍLIA QUE NUNCA CONHECEU. UM DIA, A VISITA DE UM NOVO AMIGO VINDO DO FUTURO FAZ COM QUE ELE VIAJE NO TEMPO E ENCONTRE PESSOAS ESPECIAIS, VINDAS DE OUTRA ÉPOCA.

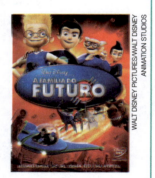

REFERÊNCIAS

ANDRADE, TELMA GUIMARÃES CASTRO. *A ÁRVORE CONTENTE*. SÃO PAULO: EDITORA DO BRASIL, 2010.

ANTUNES, CELSO. *NOVAS MANEIRAS DE ENSINAR, NOVAS FORMAS DE APRENDER*. PORTO ALEGRE: ARTMED, 2002.

ARIÈS, PHILIPPE. *A HISTÓRIA SOCIAL DA CRIANÇA E DA FAMÍLIA*. RIO DE JANEIRO: LTC, 1981.

BECKER, FERNANDO. *EDUCAÇÃO E CONSTRUÇÃO DO CONHECIMENTO*. PORTO ALEGRE: ARTMED, 2001.

BELINKY, TATIANA. *O GRANDE RABANETE*. SÃO PAULO: MODERNA, 1999.

BITTENCOURT, CIRCE MARIA FERNANDES. *ENSINO DE HISTÓRIA*: FUNDAMENTOS E MÉTODOS. SÃO PAULO: CORTEZ, 2005.

_____. (ORG.). *O SABER HISTÓRICO NA SALA DE AULA*. SÃO PAULO: CONTEXTO, 2006.

BRASIL. CONGRESSO NACIONAL. CÂMARA DOS DEPUTADOS. *ESTATUTO DA CRIANÇA E DO ADOLESCENTE*. 15. ED. BRASÍLIA: EDIÇÕES CÂMARA, 2015 [1990].

_____. MINISTÉRIO DA EDUCAÇÃO. SECRETARIA DE EDUCAÇÃO BÁSICA. DIRETORIA DE CURRÍCULOS E EDUCAÇÃO INTEGRAL. *DIRETRIZES CURRICULARES NACIONAIS GERAIS DA EDUCAÇÃO BÁSICA*. BRASÍLIA, 2013.

_____. MINISTÉRIO DA EDUCAÇÃO. *BASE NACIONAL COMUM CURRICULAR*. 3. VERSÃO. BRASÍLIA, 2017.

BRENMAN, ILAN. *DE ONDE VÊM OS NOMES*. SÃO PAULO: COMPANHIA EDITORA NACIONAL, 2014.

CIPRIANO, EMILIA; CASADEI, SILMARA RASCALHA. *VAMOS BRINCAR?* SÃO PAULO: ESCRITINHA, 2009.

DE ROSSI, VERA LÚCIA SABONGI; ZAMBONI, ERNESTA (ORG.). *QUANTO TEMPO O TEMPO TEM*. CAMPINAS: ALÍNEA, 2003.

DIMENSTEIN, GILBERTO. *O CIDADÃO DE PAPEL*. 20. ED. SÃO PAULO: ÁTICA, 2003. (DISCUSSÃO ABERTA).

FRIEDMANN, ADRIANA. *A ARTE DE BRINCAR*: BRINCADEIRAS E JOGOS TRADICIONAIS. SÃO PAULO: VOZES, 2004.

FRIEDMANN, ADRIANA. *BRINCAR*: CRESCER E APRENDER. O RESGATE DO JOGO INFANTIL. SÃO PAULO: MODERNA, 1996.

HERNANDEZ, LEILA MARIA GONCALVES LEITE. *A ÁFRICA NA SALA DE AULA*: VISITA À HISTÓRIA CONTEMPORÂNEA. SÃO PAULO: SELO NEGRO, 2005.

LOURENÇO, CONCEIÇÃO. *RACISMO*: A VERDADE DÓI. ENCARE. SÃO PAULO: TERCEIRO NOME; MOSTARDA, 2006.

MACEDO, JOSÉ RIVAIR. *HISTÓRIA DA ÁFRICA*. SÃO PAULO: CONTEXTO, 2015.

MACHADO, ANA MARIA. *BRINCADEIRA DE SOMBRA*. SÃO PAULO: GLOBAL, 2001.

MACHADO, MARINA MARCONDES. *O BRINQUEDO-SUCATA E A CRIANÇA*: A IMPORTÂNCIA DO BRINCAR. SÃO PAULO: LOYOLA, 1995.

MATTOS, REGIANE AUGUSTO DE. *HISTÓRIA E CULTURA AFRO-BRASILEIRA*. SÃO PAULO: CONTEXTO, 2016.

MESGRAVIS, LAIMA; PINSKY, CARLA BASSANEZI. *O BRASIL QUE OS EUROPEUS ENCONTRARAM*: A NATUREZA, OS ÍNDIOS, OS HOMENS BRANCOS. SÃO PAULO: CONTEXTO, 2016.

MEURER, SÉRGIO JOSÉ. *CADA COISA QUE PARECE*. SÃO PAULO: CORTEZ, 2012.

MIRIM – POVOS INDÍGENAS NO BRASIL. *JOGOS E BRINCADEIRAS KALAPALO*: KETINHO MITSELÜ. DISPONÍVEL EM: <https://mirim.org/node/2342>. ACESSO EM: 6 ABR. 2018

MONTENEGRO, ANTÔNIO TORRES. *HISTÓRIA ORAL E MEMÓRIA*: A CULTURA POPULAR REVISITADA. SÃO PAULO: CONTEXTO, 2013.

MORIN, EDGAR. *A CABEÇA BEM-FEITA*: REPENSAR A REFORMA, REFORMAR O PENSAMENTO. RIO DE JANEIRO: BERTRAND BRASIL, 2000.

_____. *OS SETE SABERES NECESSÁRIOS À EDUCAÇÃO DO FUTURO*. SÃO PAULO: CORTEZ; BRASÍLIA: UNESCO, 2000.

MOYLES, JANET R. ET AL. *A EXCELÊNCIA DO BRINCAR*. PORTO ALEGRE: ARTMED, 2005.

NOVAIS, FERNANDO A.; SCHWARCZ, LILIA MORITZ (ORG.). *HISTÓRIA DA VIDA PRIVADA NO BRASIL*: CONTRASTES DA INTIMIDADE CONTEMPORÂNEA. SÃO PAULO: COMPANHIA DAS LETRAS, 1997.

NOVAIS, FERNANDO A.; SEVCENKO, NICOLAU (ORG.). *HISTÓRIA DA VIDA PRIVADA NO BRASIL*: REPÚBLICA – DA BELLE ÉPOQUE À ERA DO RÁDIO. SÃO PAULO: COMPANHIA DAS LETRAS, 1997.

_____. SOUZA, LAURA DE MELLO E (ORG.). *HISTÓRIA DA VIDA PRIVADA NO BRASIL*: COTIDIANO E VIDA PRIVADA NA AMÉRICA PORTUGUESA. SÃO PAULO: COMPANHIA DAS LETRAS, 1997.

OBEID, CÉSAR. *CRIANÇA POETA*: QUADRAS, CORDÉIS E LIMERIQUES. SÃO PAULO: EDITORA DO BRASIL, 2010.

PERRENOUD, PHILIPPE. *DEZ NOVAS COMPETÊNCIAS PARA ENSINAR*. PORTO ALEGRE: ARTMED, 2000.

_____; GATHER THURLER, MONICA. *AS COMPETÊNCIAS PARA ENSINAR NO SÉCULO XXI*: A FORMAÇÃO DOS PROFESSORES E O DESAFIO DA AVALIAÇÃO. RIO DE JANEIRO: FORENSE UNIVERSITÁRIA, 2005.

PIAGET, JEAN. *A FORMAÇÃO DO SÍMBOLO NA CRIANÇA*: IMITAÇÃO, JOGO, SONHO, IMAGEM E REPRESENTAÇÃO. SÃO PAULO: EDITORA LTC, 2010.

PINSKY, CARLA BASSANEZI; DE LUCA, TANIA REGINA (ORG.). *O HISTORIADOR E SUAS FONTES*. SÃO PAULO: CONTEXTO, 2015.

PRIORE, MARY DEL (ORG.). *HISTÓRIA DAS CRIANÇAS NO BRASIL*. SÃO PAULO: CONTEXTO, 2004.

_____ (ORG.). *HISTÓRIA DAS MULHERES NO BRASIL*. SÃO PAULO: CONTEXTO: UNESP, 2004.

RIBEIRO, NYE. *NO TEMPO DOS MEUS BISAVÓS*. SÃO PAULO: EDITORA DO BRASIL, 2013.

ROCHA, RUTH. *A FAMÍLIA DO MARCELO*. SÃO PAULO: SALAMANDRA, 2009.

ROCHA, RUTH. *O MENINO QUE APRENDEU A VER*. SÃO PAULO: SALAMANDRA, 2013.

_____. *QUANDO O MIGUEL ENTROU NA ESCOLA*. SÃO PAULO: MELHORAMENTOS, 2016.

ROSAS, ALEJANDRO. *BIBI VAI PARA A ESCOLA*. SÃO PAULO: SCIPIONE, 2005.

SCHAFF, ADAM. *HISTÓRIA E VERDADE*. SÃO PAULO: MARTINS FONTES, 1978.

SCHMIDT, MARIA AUXILIADORA; CAINELLL, MARLENE. *ENSINAR HISTÓRIA*. SÃO PAULO: SCIPIONE, 2009.

SHALEV, ZAHAVIT; SMITH, PENNY. *ESCOLAS COMO A SUA*: UM PASSEIO PELAS ESCOLAS AO REDOR DO MUNDO. SÃO PAULO: ÁTICA, 2008.

STEAMS, PETER N. *A INFÂNCIA*. TRAD. MIRNA PINSKY. SÃO PAULO: CONTEXTO, 2006.

URBAN, ANA CLAUDIA; LUPODNI, TERESA JUSSARA. *APRENDER E ENSINAR HISTÓRIA NOS ANOS INICIAIS DO ENSINO FUNDAMENTAL*. SÃO PAULO: CORTEZ, 2015.

VERGER, PIERRE FATUMBI. *A VIDA EM SOCIEDADE*: OLHAR A ÁFRICA E VER O BRASIL. SÃO PAULO: COMPANHIA EDITORA NACIONAL, 2005. (OLHAR E VER).

VYGOTSKY, LEV SEMENOVITCH. *A FORMAÇÃO SOCIAL DA MENTE*: O DESENVOLVIMENTO DOS PROCESSOS PSICOLÓGICOS SUPERIORES. SÃO PAULO: MARTINS FONTES, 1998.

ZABALA, ANTONI. *COMO TRABALHAR OS CONTEÚDOS PROCEDIMENTAIS EM AULA*. PORTO ALEGRE: ARTMED, 1999.

ZIRALDO. *MEU AMIGO, O CANGURU*. SÃO PAULO: MELHORAMENTOS, 1990.

MATERIAL COMPLEMENTAR
UNIDADE 4 – PÁGINA 78

UNIDADE 4 – PÁGINA 71

93

UNIDADE 3 – PÁGINA 53

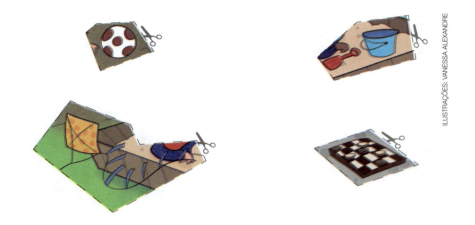

UNIDADE 2 – PÁGINA 35